LA SYMPATHIE,

HISTOIRE MORALE.

Par M. MERCIER.

Virtus virtuti placet.
Sen.

A AMSTERDAM;
Chez ZACHARIE, Imprimeur
& Libraire.

M. DCC. LXVII.

ÉPITRE

DÉDICATOIRE

A MADEMOISELLE B***

MADEMOISELLE;

J'AI l'honneur de vous offrir ce petit Ouvrage qui a eu le bonheur de vous plaire. Il

peint quelques traits de vertus,
& je me suis plû à les tracer.
Loin de nous ces tristes systé-
mes qui dégradent là nature
humaine, qui appellent hypo-
crisie ce sentiment généreux
qui nous porte vers nos semblables, l'Amitié une tromperie,
l'Amour de l'ordre un menson-
ge. J'ai vû fréquemment, & sur-
tout près de vous, que la bien-
faisance & la générosité sont
des sentimens naturels qui éxis-
tent dans toute leur pureté;

que l'Amitié , la Compaſſion, la Reconnoiſſance , la Fran-chiſe ne ſont pas des chimères , comme ces ſubtilités Philoſo-phiques , qui , à force d'analiſer les vertus dans le creuſet , les réduiſent toutes en fumée. Je ſais que la ſatyre de la Na-ture Humaine eſt beaucoup plus piquante que ſon éloge ; mais eſt - elle vraye ? Quel cœur monſtrueux n'a jamais ſenti cette SYMPATHIE tendre qui le lie aux autres êtres ; qui n'a pas connu la douceur de faire le bien ? Quoi ! la bonté feroit étrangère à l'homme. Infidieux, Moralifte, tu lui fais un injufte outrage ; tu as tout vu dans l'amour - propre & rien dans cette impreffion vive du fenti-ment qui l'entraîne & le mai-trife. Je te plains , & quand tu pourrois avoir raifon , je ne veux point voir par tes yeux. Il faut être bien malheureux , ou bien dépravé pour juger l'efpèce entière fur quelques

méchans qui en ſont l'oppro-
bre.

Telles ſont mes penſées, MADEMOISELLE, que je m'ap-plaudis de voir conformes aux votres. Si je voulois combattre d'impitoyables raiſonneurs, les exemples de vertus ne me manqueroient pas ; mais qu'ils calomnient le cœur de l'hom-me, ils ne trouveront point grace devant votre raiſon juſte & eclairée. Puiſſent mes au-tres écrits vous être auſſi

agréables que celui-ci ; ce sera
la preuve la plus certaine qu'ils
porteront l'empreinte du sentiment & de la vertu.

J'ai l'honneur d'être,

MADEMOISELLE;

Votre très-humble & très-
obéissant Serviteur ***

SYMPATHIE,

HISTOIRE MORALE.

IL ne faut qu'un inſtant pour unir deux belles ames. Elles ſe reconnoiſſent au premier coup d'œil, & c'eſt cette vue rapide & juſte qui établit & confirme ces rapports ſecrets que nous nommons Sympathie ; je ne ſaurois douter qu'il n'y ait des cœurs formés les

uns pour les autres , & qui n'ai-
meroient jamais rien , s'ils n'é-
toient affez heureux pour fe rencontrer. Il exifte une liaifon
intime entre ceux qui ont le
même goût pour la vertu , il
n'eft pas befoin de recourir à
des qualités occultes. Les fcélé-
rats s'atroupent d'eux - mêmes
dans le fond des cavernes , ils
ne rougiffent point de dévoiler
mutuellement leurs cœurs horribles. Ne nous étonnons plus fi
les ames honnêtes fe devinent
& volent l'une au - devant de
l'autre , fi une force inconnue
les porte à s'aimer ; c'eft une de
ces vérités de fentiment qu'il ne
faut ni prouver , ni difcuter ; &
qui les raifonneroit ne feroit
point digne de les fentir.

Charidème eft né dans l'infortune , & connoît aujourd'hui le bonheur ; il l'a mérité , auffi s'eftime-t-il heureux. Inébranlable & ferme au fein de l'adverfité, il a fu foutenir une meilleure fortune , & ce paffage rapide n'a point changé fon cœur. Il eft toujours le même ; fimple, bon, confiant , compatiffant envers les malheureux ; Charidème fe fouvient qu'il l'a été. Sa raifon eft droite , mais elle s'eft encore fortifiée dans la fociété d'un digne ami. Un ami ! fans doute qui le poffede n'a plus rien à defirer. La belle ame de Charidème eft peinte fur fa phifionomie, elle refpire la douceur, cette vertu qui caractérife l'homme qui a la vraye grandeur d'ame. Chaque jour son épouse rend graces au Ciel du nœud cher & fortuné qui l'unit au plus digne des époux. Ce que le vulgaire nomme hazard est pour elle la direction particuliere de la Providence, qui a daigné veiller sur son bonheur. Voici comme le Ciel voulut éprouver Charidème avant que de le récompenser.

A peine âgé de deux ans, Charidème perdit sa mere. C'est assurément la plus grande des pertes. On ne la sent vivement que dans un âge plus avancé. Le cœur même d'un bon pere ne remplace jamais le cœur d'une mere. La Nature a épuisé toute sa richeffe, toute fa fenfibilité en formant ce dernier , elle ne pouvoit créer rien de plus tendre , de plus fublime & de plus augufte. Cette mort funefte fut la fource de tous fes malheurs. Son pere homme foible , & qui avoit un de ces caractères qu'une femme artificieufe tourne à fon gré, ne tarda guères à fe remarier. Malheureufement adonné à la paffion violente qu'il avoit conçue pour cette nouvelle époufe , foumis à tous fes caprices, il oublia prefque fon fils. De nouveaux enfans partagerent toute fa tendreffe , parce qu'il étoit aveuglement idolâtre de leur mere. Charidème en fortant des ténèbres de l'enfance , & en ouvrant les yeux , se vit rebuté. Odieux à sa maratre, il fut jugé coupable. On l'éloigna de la maison paternelle ; on le remit entre les mains de ces hommes mercenaires qui vendent l'éducation, & qui ont ordinairement la dureté & l'insuffisance communes à cette espece de petits tyrans. Son cœur sensible & qui ne demandoit qu'à aimer chercha vainement un cœur qui lui fut ouvert. Il ne rencontra que des ames dures. L'indifférence d'un pere, la haine d'une marâtre, les rigueurs capricieuses de tristes pédans; voilà les coups qui vinrent le frapper; ils affaisserent le ressort de son ame naturellement haute quoique douce. Cette extrême sensibilité fibilité fe tourna en une profonde mélancolie. Profcrit, abandonné, il ne connut ni cette joie naïve le charme du bel âge, ni ces tendres careffes de la nature, qu'on ne fent peut-être pas alors, mais dont le fouvenir délicieux nous fuit dans un âge plus avancé, & nous lie d'un nœud plus fort à nos parens. Charidème préfagea l'infortune qui devoit accompagner fa vie. Un pere indifférent ! cela lui paroiffoit inconcevable. Il gémiffoit, & dévorant fa douleur en filence, il parut ftupide, tandis que c'étoit l'effort d'une grande ame qui vouloit fe dompter elle-même. On le crut même d'un efprit borné, mais le malheur formoit ce jeune homme, &

quelle foule de sentimens ce maître terrible & sublime ne fait-il pas
naître dans le sein d'un infortuné. Cependant son ame accablée
en contracta un certain pli lu-
gubre que depuis, elle n'a jamais su perdre.

On poussa la cruauté jusqu'à
lui faire interrompre le cours de
ses études , c'étoit lui en faire
perdre tout le fruit. L'avarice
eut autant de part à cet arrange-
ment que le mépris. On ne vouloit plus lui apprendre qu'à fléchir
devant ses autres freres , à obéir
aveuglement à toutes les loix
d'une femme altière qui sembloit
ne le garder sous ses yeux que pour
donner de nouveaux alimens à sa
haine. Tantôt elle le peignoit

fous des couleurs odieufes ; em-
poifonnant fes actions les plus innocentes , tantôt elle lui dreffoit
des piéges où il tomboit fans être
plus coupable. Enfin , elle fit tant
de faux rapports à fon pere , que
celui-ci qui ne fe donnoit pas la
peine d'examiner fon fils de fes
propres yeux, le crut fur la parole
de fa femme un cœur bas & même
dangereux. On finit par l'abandonner à la fociété des domefti-
ques qui eux-mêmes étoient é-
mus de pitié fur fon fort. Une
certaine nobleffe d'ame naturelle
le préferva du malheur de con-
tracter leurs mœurs groffieres.
On avoit accoutumé fes freres à
le traiter avec dédain , & ils s'en
acquittoient avec tout l'orgueil

B ij

d'enfans que la cruauté a formés au vice.

Charidème fentit tout le fardeau de l'humiliation , & fon cœur acheva de fe développer fous les traits de l'injuftice. Les chagrins que l'on éprouve dans la maifon paternelle font les plus horribles de tous : qu'il eft affreux de rencontrer la guerre dans le fanctuaire où doit réfider la paix ! qu'un cœur naiffant & qui s'ouvre aux doux attraits du fentiment, gémit de voir un pere lui fermer fes entrailles ! que les coups qui partent d'une main chere font fenfibles ! Charidème en fit la cruelle expérience. Son courage fe trouva épuifé , il réfolut de quitter le lieu de fa naiffance , mais que faire avec une éducation imparfaite, une ame haute, dépourvu qu'il étoit, du moindre fecours ? Il lifoit un avenir des plus rigoureux, après cette démarche imprudente ; n'importe, la vie la plus dure, la plus laborieufe, pourvu qu'elle fut fans tache, lui parut préférable. Il juftifia fon pere dans le fond de fon cœur. Il eft bon, mais il eft aveuglé, difoit il. Non, il ne me connoît point S'il favoit combien je l'aime ! . . . . il ne le fait point. Ah ! que ne m'eft-il permis d'épancher mon cœur à fes pieds ; avec quel tranfport j'embrafferois fes genoux, avec quelle vérité je lui dirois . . . . Mais il me dédaigne, & ma douleur doit être muette. C'eſt mon premier devoir. Irois-je l'éclairer ſur une femme injuſte qui m'a ravi ſon cœur. Irois-je déchirer le voile... Non, je dois reſpecter juſqu'à ſon erreur, & plutôt mourir que de faire rougir ſon front vénérable.

Il en couta beaucoup au jeune Charidème pour oſer parler à ſon pere. Les demandes reſpectueuſes que l'on fait alors, quelque ménagées qu'elles ſoient, peuvent paſſer pour de juſtes reproches, & un pere ſent trop alors qu'il étoit de ſon devoir de les prévenir. Charidème, du ton le plus ſoumis & le plus moderé, lui fit entrevoir & ſans aigreur, que ſes beaux jours s'écouloient dans l'inaction , & que faute de quelques secours , il perdoit le tems de la vie le plus précieux & le plus irréparable. Son pere fût étonné de ce langage , il se rappella qu'effectivement il avoit un fils. La commiseration , foible , triste & derniere vertu d'un pere alloit lui parler, peut-être qu'elle l'auroit conduit à réparer une négligence aussi criminelle , mais sa femme qui avoit sur son esprit un ascendant invincible , endormit d'abord ses bonnes résolutions , & ne tarda point à les étouffer. Elle songea au plûtôt à éloigner Charidème, de peur que sa présence ne vint réveiller dans le cœur de son pere quelque dangereux mouvement de pitié.

On lui déclara bientôt que tout bien vu, bien examiné par d'honnêtes Officiers de Justice, son bien étoit nul, absolument nul, que par conséquent il n'avoit rien à demander, rien à prétendre, & qu'il eût à prendre son parti au plus vîte. Charidème pouvoit reclamer justement devant les Tribunaux ; mais quel horrible droit que celui qui traîne un pere devant la main armée de la Justice, dont l'aspect seul condamne un fils dénaturé ! quel monstre ose chercher un autre Juge qu'un pere ! Eh ! ne vaut-il pas mieux se soumettre à une cruelle sévérité que de faire un tel outrage à l'auteur de ses jours ? Soyons malheureux, puis-

que

que je fuis né pour l'infortune ,
difoit Charidème ; mais ne nous
rendons point coupable : que le
Ciel me preferve du crime de
la révolte & de celui de la haine.
Il eft tems de partir. Si le malheur doit être le partage de ma
vie , que le lâche défefpoir ne
la rende point oifive ou inutile.
Il eft plufieurs chemins ouverts
à la gloire ; tentons le plus noble
de tous ; portons les armes pour la
Patrie. Le nom de foldat pourroit-
il me faire rougir ? Je ne fais s'il
en eft un plus beau. Je le fens,
il n'eft que deux états pour un
cœur tel que le mien , ou cul-
tiver l'héritage de mes ancêtres ,
ou verfer mon fang pour mon
Roi. Tout autre état eft plus ou

C

moins mercenaire & par conséquent vil. Le Guerrier ne vend
point fa vie, puifque rien ne
peut la payer, fi ce n'eft la gloire.
Il reçoit fa fubfiftance des mains
du Monarque, & il ne vit que
pour le fervir. Irois-je ramper,
obéïr aux caprices du riche in-
folent, m'humilier dans des travaux obfcurs, intéreffés, trop
fouvent funeftes à la Patrie, tandis
que je peux marcher fous fes
drapeaux contre fes ennemis.
Irois-je mandier de la protection
& faire le premier effai d'une
fervitude.... Ce mot feul fait
rougir mon front. Oui, je ferai
foldat ; & ma famille qui, aujourd'hui me dédaigne, fera for-
cée de refpecter mon choix. Un

jour, peut-être, je lui ferai honneur ; la carriere où j'entre eſt rapide, je m'y veux diſtinguer ; alors on la verra s'empreſſer à m'avouer. Telles étoient les réflexions de ce jeune homme, âgé de dix - huit ans. Son ame forte & courageuſe ſe promettoit de vaincre un ſort contraire. Il obtint avant tout l'agrément de ſon pere. Sa marâtre étoit au comble de ſa joie. Elle eſpéroit que les fureurs de la guerre trancheroient des jours qui pouvoient nuire à l'immenſe fortune qu'elle vouloit faire paſſer ſur la tête de ſes indignes fils.

Charidème fit les apprêts de ſon voyage avec fermeté ; mais lorſque l'inſtant de ſes adieux

fût arrivé, il éprouva un ferre-
ment de cœur inexprimable. Sa
tendreffe pour un pere qu'il alloit
quitter lui fit verfer bien des
pleurs. Il l'aimoit, autant par fentiment que par devoir. Il ne dé-
fefpéroit point de fon cœur. Il
attendoit tout du tems qui dé-
truit la folle ivreffe des paffions
& fert à rafermir les droits fa-
crés de la Nature. Il ne balança
point à fe préfenter à fes genoux ; il lui demanda fa béné-
diction, & il la reçut comme la
plus grande faveur du Ciel. Alors
il fe fentit plus fort dans fa
vertu. O Dieu, s'écria-t-il du
fond du cœur, retranche de mes
jours, ajoute à ceux de mon
pere, fais que je le revoie fans

que la main de la douleur fe
foit appefantie fur lui. Menage-
moi le bonheur de pouvoir lui
rendre les foins les plus tendres ; qu'il fache combien je
l'aime & je mourrai content !

Il part, il tourne vingt fois
les yeux vers cette maifon, où
il a tant éprouvé de chagrins,
mais où il laiffe ce qu'il a de
plus cher au monde. Jamais le
doux ciel de la Pâtrie ne lui
parut fi beau qu'au moment où
il fallut l'abandonner. Il reporte
encore la vue furle toît fouslequel
il a pris naiffance. Il s'arrête ; l'œil
fixe & mouillé de pleurs ; le
cœur puiffamment ému ; ô ! c'eft
donc là qu'à la place de ma
mere, regne une femme étran-

gere ! Elle a perfécuté mon enfance ! C'eſt peu.... Que le Ciel lui pardonne les maux qu'elle m'a fait fouffrir ! Mais, Dieu, elle m'a enlevé le cœur de mon pere !.. Là, j'aurois dû goûter les délices du fentiment, les plaifirs purs de la Nature; là, j'ai bû le calice amer des douleurs. O mon pere ! Quoi ! ton fils ne t'eſt point connu ? On t'a féduit..... Adieu, mon cher pays, j'emporte avec moi ton image; ton image à la fois, chere & douloureuſe; que le fort me promene en divers climats, jamais je ne t'oublierai; je reviendrai vifiter ces arbres antiques, témoins de mes foupirs ou plûtôt la mort que je

vais affronter tranchera mes tristes jours.

Charidème n'avoit pas un ami
qui put le diftraire de ces idées
affligeantes ; ce n'étoit pas qu'il
fut indigne d'en avoir , mais
ayant toujours été humilié , il
avoit caché foigneufement les
playes de fon ame ; la gloire
de fon pere y étoit intéreffée ,
& fa profonde mélancolie l'é-
loignoit d'une jeuneffe turbu-
lente qui ne fe lie que par l'a-
mour des vains plaifirs. D'ailleurs , un cœur vraiment fenfible n'accorde pas indiftincte-
ment le titre d'ami , il faut qu'il
rencontre l'ame , qui , au premier coup d'œil enchaîne toute
fa confiance.

C iv

Ce vertueux jeune homme marchoit les yeux fixés en terre, rêvant profondément, se faisant un plan de vie & de conduite conforme aux principes de l'honneur. Le pere de l'Etat alloit devenir particulierement le sien; il alloit tout devoir à sa main bienfaisante ; ces idées l'occupoient , & il s'échauffoit des nobles flammes du Patriotisme; à la seconde journée , il passoit par un petit bois , toujours pensif, la démarche égale & lente, la vue baissée ; un Militaire assis au pied d'un arbre , où il méditoit, un livre à la main , jetta les yeux sur lui ; il fut frappé de cette douleur & de cette noblesse empreintes sur

le front d'un jeune homme ; il
le confidera quelque tems avec
une efpece d intérêt ; leurs yeux
fe rencontrerent , & l'Officier
fut ému jufqu'au fond de l'ame.
Il fe leva précipitamment. Vous
excuferez, Monfieur? Que cher-
chez-vous dans ce bois écarté.Le
chemin le plus court pour arriver à la ville prochaine. —Vous
vous êtes égaré , fouffrez que
je vous remette dans la route.
Le jeune homme s'oppofe à
cette démarche ; l'Officier in-
fifte. Charidème voit avec at-
tendriffement , avec plaifir &
même fans furprife cet Officier
revêtu de la Croix , lui parler
avec un air de bonté & d'intérêt. Son ton affectueux , ce

ton qu'on n'imite point touche
fon cœur. Il fe laiffe guider fans
vains complimens. Je ne m'at-
tendois pas , dit l'Officier , à un
tour de promenade auffi agréable. Je vis feul , je ne redoute
point la folitude; mais cependant
je voudrois prolonger le chemin.
Tout en vous, Monfieur, m'inté-
téreffe & m'étonne ; vous êtes
jeune , & permettez-moi de vous
le dire, toutes les vertus ne ra-
chetent point l'expérience; pour-
rois-je vous demander quel mo-
tif vous conduit. — Je vais fervir mon Roi. — Le deffein eft
digne de vous. J'ai eu l'honneur
de le fervir pendant vingt-fept
ans. J'ai regret de ne pouvoir
plus le faire.—Monfieur, j'aurois

fait de grand cœur entre vos mains l'augufte ferment de fidéli-té.—Je l'aurois accepté avec joie. Le Roi ne peut avoir, je crois, un plus brave foldat que vous; mais puifque vous m'auriez ac-cordé toute votre confiance; achevez un plaifir qui me fera cher. Le jour eft prêt à tomber, la nuit vous furprendroit avant votre arrivée; êtes vous fi pref-fé ? Vous voyez d'ici ce petit château, tel eft mon réduit phi-lofophique, daignez vous y répo-fer; les Guerriers ne font ils pas frères? Monfieur, je ne mérite pas encore ce nom. — Vous en êtes digne, vous en avez le courage, les mœurs fimples & la noble franchife; vous entrez dans une carrière brillante ; mais où, j'oferai vous le dire, vous aurez befoin de conseils. Les miens, fruits tardifs de l'âge, ne vous feront peut-être pas inutiles. Ce n'eſt point une erreur de jeuneſſe qui vous porte à embraſſer le parti des armes, je le vois ; vous y êtes conduit par une fage fermeté dans l'infortune. Je crois deviner une partie de vos malheurs. Ils me touchent, puis-je, fans indiſcrétion, vous demander qui vous êtes ? Charidème, qui auprès de cet homme généreux fentoit fon cœur voler mille fois fur fes levres lui nomma fa famille. Mondor, (c'eſt le nom de l'Officier) avoit connu fon pere, & les malheurs du fils avoient retenti jufqu'au fond de fa retraite. Quoi ! c'eft vous , Monfieur, dont le long courage a fupporté tant de coups affreux ? Vous êtes bien fait pour courir la carrière des Héros. J'ai été attendri fur votre fort avant que de vous connoître ; je me fuis occupé plus d'une fois de l'image de vos maux. Achevez , toutes vos paroles fe gravent dans mon cœur. Avec le tems vous me connoîtrez mieux. Que dis-je , certains cœurs ont-ils befoin d'épreuve ; épanchez votre ame dans l'ame d'un ami. — D'un ami ! — Oui , Monfieur , d'un ami. Votre treffaillement à ce mot me plaît, il me fait voir que vous connoiſſez tout ce que renferme ce mot ſacré & même tout ce qu'il exige. — Je ſens tout ce qu'il exprime, mon cœur eſt né pour l'amitié ; il a cherché avidemment un ami ſe flattera-t-il de l'avoir trouvé. Oui , jeune homme, lui répondit l'Officier en lui tendant la main avec une nobleſſe & un ſentiment que la plume ne peut rendre. Oui, tu me fais ſentir mon cœur , ce cœur flétri par tant de cicatri-ces ſe rouvre au ſon de ta voix. Ta jeuneſſe ne m'allarme point ; je veux te ſervir de pére , & mon cœur flétri doit ſe rajeunir dans le tien. Si ton âge eſt plus riche en ſenſibilité , le mien connoît peut-être mieux

la tendreſſe. Mon ami , je le de-
vine ſur ton front, oui , tu feras le charme de mes derniers
jours ; une voix ſecrette qui ne
m'a jamais trompé me l'aſſure : il
s'arrêta & vit les yeux du jeune
homme mouillés de larmes.
Charidème étoit moins étonné
qu'ému ; l'amitié lui paroiſſoit
un ſentiment que tout homme
portoit au fond de ſon ame , &
qui ſe dévelopoit auſſi naturellement. Ils s'entendent , ils ſe
répondent ſans précipitation ,
ſans contrainte , ſans reſerve ,
leurs ames ſe touchent & ſe
plaiſent dans ce commerce mutuel. L'un ne connoît pas l'orgueil d'un bienfaiteur , l'autre
ne s'allarme point du fardeau

de la reconnoiſſance. Ah ! il eſt
une langue faite pour les ames
élevées, elle ne s'apprend point,
elle n'eſt aſſujettie à aucune re-
gle ; les hommes les plus groſ-
ſiers en apparence en ſont ſou-
vent les maîtres, c'eſt la langue du ſentiment. Ils parloient
à cœur ouvert cette langue ſu-
blime, & qui ne ſe traduit point.
Entrons dit Mondor ; alors ils ſe
trouvoient effectivement vis-à-
vis un château environné de bois,
& dont l'entrée avoit quelque
choſe d'agreſte & de ſauvage.
Une jeune fille s'avance au devant d'eux d'un pas modeſte.
Elle appelle l'Officier ſon cher
oncle & rougit. Etonné de la
préſence du jeune homme, elle
jette

jette fur lui un coup d'œil fur-
tif & n'ofe faire paroître fon
étonnement. Mondor prit fon
compagnon par la main, & lui
dit en fouriant ; tiens , voilà
ma Nièce ; elle fait le bonheur
de mes jours , regarde ; qu'elle
eft belle ! aime-la, mon ami,
auffi tendrement que je l'aime.
As-tu des fœurs ? — Non , Monfieur. — Que ce foit donc-là la
tienne ; embraffe-la comme une
fœur. Charidème s'incline profondément , falue avec grace
la jeune Nièce , qui rougiffoit
encore plus , & l'embraffe. Que
vos bienfaits font grands ! ô
mon pere , ô mon ami , vous
me donnez plus que je n'ai perdu. Mais rien ne m'étonne plus

D

en vous. La jeune Nièce, quoique veillant fur elle-même, n'a-
voit pû reprimer un mouvement
de furprife à ce mot d'ami. Jamais la bouche de fon oncle ne
l'avoit appliqué en fa préfence
à un autre homme ; ce mouvement, prefque imperceptible,
fut faifi par l'œil de Charidème,
qui ne pouvoit déjà plus fe dé-
tacher d'elle. Au fouper (où ne
préfiderent point la gêne & la
contrainte, trop ordinaire aux
gens qui veulent s'étudier)
mais l'amitié, les graces, l'honnête liberté ; le jeune homme
affis entre un ami, & déjà peut-
être une Amante ; attendri,
étonné de ce nouvel état, le
cœur plein d'une émotion auffi

douce que vive , laiſſoit couler des larmes qu'il ne cherchoit point à retenir. On ne donna point trop d'attention à ſes pleurs ; on le laiſſa exhaler tout le ſentiment que lui portoit lo ſouvenir de ſes malheurs paſ-ſés ; il en fit le récit avec cha-leur , s'abandonnant à tous les mouvemens d'une ame pure mais ſenſible. Il juſtifia éloquemment ſon pere , n'en parlant qu'avec tendreſſe & reſpect ; mais l'Of-ficier l'interrompit avec ce ton qui n'a rien d'offenſant. Tes pa-rens ſont des barbares ; oui, ajouta naïvement la jeune Nièce qui avoit le cœur gros & qui n'oſoit regarder Charidème qui pleuroit. Tu as été malheureux,

D ij

pourſuivit Mondor, tant mieux ; tu en ſeras meilleur ; l'adverſité eſt ce qui fait les hommes ; mais, ou il ne dépendra pas de moi, ou c'eſt ici que vont commencer tes beaux jours ; c'eſt ici que je veux veiller ſur ton bonheur... Charidème, l'interrompit, mon pere, j'ai tout oublié. Des momens pareils à ceux que j'éprouve effacent des ſiécles de douleurs. — Eh ! bien, n'y reporte jamais tes regards que pour accroître ta félicité. Tu vois mes champs , mes biens ruſtiques , tout nous eſt commun ; nous travaillerons, & le Ciel , ſans doute bénira nos peines. Puis après un moment de ſilence ; ainſi te voilà engagé ,

non à un Roi , mais à un ami ;
Charidème , tu n'as pas la phifionomie d'un déferteur ? — Ma
réfolution de porter les armes
étoit prife , dois-je en changer ?
Mondor héfita un moment ;
non , je ne te ravirai point la
gloire de défendre la Patrie ,
mais tu me donneras quelque
tems ; fers d'abord l'amitié , les
Rois ne viennent qu'après. Charidème répondit par fon filence ,
mais leurs regards fe rencontrerent & tout fut dit. Eh ! bien
Elife que dis-tu de ton frere ,
(dit brufquement Mondor)
n'eft - il pas aimable ? Sais - tu
qu'il va demeurer avec nous ,
en es tu fâchée ? Je penfe que
dans le fond tu pourrois bien

en être la caufe : à ces mots
Elife fe leva , voulut prendre la
chofe en plaifantant , mais la
plaifanterie avoit dans fa bouche un ton embaraffé qui ne
manqua pas de réjouir beaucoup
fon oncle.

Elife avoit befoin de repos.
Elle vouloit s'interroger. Son
cœur étoit dans un trouble affez
nouveau pour qu'elle cherchat à
l'approfondir. Son étonnement
ne ceffoit point. Quel eft donc
ce jeune homme, fe difoit elle ,
que mon oncle appelle fon ami.
Lui qui aime tant à vivre feul ,
lui qui fuit le commerce des
hommes , lui qui ne les fréquen-
te volontairement que quand
l'occafion fe préfente de leur

faire quelque bien ? Il accueille un jeune étranger, il agit avec une familiarité.... Quel changement étrange ! Je ne fais, fon front eft devenu plus gai, le regard de fa tendreffe eft tombé fur moi avec plus d'expreffion. Je ne l'ai jamais vu fi content, quand ce feroit un fils qui reviendroit après plufieurs années d'abfence ... Mais Charidème, il femble qu'il connoiffe depuis long-tems mon oncle, tout ce qu'il dit fe rapporte parfaitement à fon caractere, à fa façon de penfer. Ils fe devinent fans effort, comme fi une longue habitude.... Cependant à ces mots, *regarde-la comme ta fœur*. Charidème s'eft troublé,

Il eſt beaucoup moins à ſon aiſe lorſqu'il m'adreſſe la parole. Quelques-unes de mes répon- ſes l'ont même interdit. Quel myſtere cache cette aventure ? Seroient-ils tous deux d'accord?.. Charidème eſt jeune. Mon on- cle voudroit-il m'éprouver ?... Non, il m'eſtime, & il eſt inca- pable d'un tel artifice. Mon on- cle connoît les hommes, il lit au fond de leurs cœurs. Soyons en aſſurance ; puiſqu'il accorde ſa confiance à Charidème, il faut bien, je le penſe, qu'il ſoit vertueux, pour le moins, au- tant qu'il eſt aimable.

De ſon côté, Charidème avoit peu dormi. Mondor & la char- mante Eliſe avoient occupé

toutes

toutes ſes reflexions. Il remer-
cioit le ciel du bonheur d'avoir
rencontré un cœur. Il ne con-
noiſſoit point cette fauſſe déli-
cateſſe qui ſe refuſe aux bienfaits d'autrui par un ſentiment
d'orgueil. En les acceptant il
s'impoſoit le devoir de les me-
riter, & il ſe livra tout entier au
charme qui l'environnoit. L'au-
rore luit à peine, qu'il court
au lit de ſon bienfaiteur. Mes
vœux previendront votre lever
(dit-il en entrant), o mon pere,
combien je vous dois & comment
m'acquitter envers vous ! que
ce jour & tous ceux qui doivent lui reſſembler vous ſoyent
heureux — Ah , ah , te voilà de
bon matin. Tu ne reſſembles pas

à ces hommes malheureux livrés au luxe qui perdent dans un tombeau les plus belles heures du jour. Viens respirer la fraicheur etherée, rien n'est plus salutaire à la santé : la renaissance du jour repand sur la terre les germes de la fécondité, & le souffle pur des zéphirs y renouvelle la vie & la joye. Vois tu le lever majestueux du soleil ? il m'est toujours nouveau; tu dois gouter avec transport ce spectacle sublime & ravissant, car la nature n'existe que pour les bons cœurs, eux seuls sont émus, touchés, attendris, lors que les autres demeurent froids & insensibles. Vois ces animaux que la barbarie de l'homme a rendus timides,

Vois les s'égayer fur l'herbe humide de rofée. Ils jouiffent de toute leur liberté , ils ne me fuyent pas, je ne les tue point par forme de divertiffement ; mes mains n'ont jamais enfanglanté la terre , qu'aux combats ; là malheureufement c'eft un devoir, & ce n'étoit point à moi d'examiner des droits embrouillés quand la patrie m'appelloit. Mais maffacrer des animaux innocens qui ne font pas nos ennemis, non, nous n'avons pas le droit d'être leurs tyrans & les plaifirs d'un homme ne doivent point être cruels, ami , tu ne vas point à la chaffe — jamais autant par maladreffe que par antipathie — je t'entends , le mal n'eſt pas aiſé à tout le monde. Eliſe repoſe encore : deſcendons au jardin ; il eſt orné ſans art, la nature livrée à elle même, y étale ſon luxe & ſon déſordre énergique. Son libre cizeau a façoné les choſes a ſon gré & elles n'en ſont que mieux. Que je hais cette fatiguante ſimetrie qui gâte la parure de la terre par la triſte contrainte ! On ne voit plus de hautes futayes. On compoſe de petits parterres char. mans bien compaſſés & bien ennuyeux. Les jardins ſont l'a-zile du plaiſir. Le corps s'y delaſſe , l'eſprit s'y diſtrait. Il faut donc y trouver cette négligence qui produit mieux que les miracles de l'art cette voluptueuſe rêverie qui fait le charme & les délices des promenades. Il faut que le concert des oiſeaux, que les ombrages des bois, parlent au cœur de l'homme & lui retracent ces temps heureux où la nature n'étoit point captive. Le ſoleil ſe leve, quelle pompe, quelle magnificence ! de quels rayons purs & doux il dore ces boſquets, comme il argente ces ruiſſeaux qui ſemblent s'éveiller dans leur lit de verdure ! que la touchante harmonie de tant d'être ſenſibles chatouille agréablement l'oreille. O puiſſant créateur, O bon maître ! ſois béni à jamais ! heureux celui qui a un cœur capable de ſentir. Il porte en ce moment l'hommage de son amour au trône de l'éternel. Ils se promenerent quelques tems en silence, tous deux livrés à la douce contemplation des beautés de la nature. Mondor reprit la parole & dit, ami nous devons vivre ensemble : je veux que tu sois instruit des particularités de ma vie. J'ai servi ving sept ans. J'avois un frere, il est tombé à mes côtés à la bataille de ***. Je l'ai embrassé tout sanglant ; son flanc étoit déchiré d'une blessure mortelle ; il ne pouvoit mourir, & le cri de sa douleur invoquoit ma main pour précipiter l'instant de sa mort. Dès ce moment j'ai détesté les combats, mais fidele à la voix du devoir

& de l'honneur, je n'ai point cessé quoiqu'en gémissant de marcher contre les ennemis de la patrie. J'avois toujours devant les yeux l'image sanglante de mon frere : j'ai cherché la mort. J'ai reçu deux coups de feu plus douloureux qu'elle...Un poste illustre vint à vaquer il m'étoit dû ; on me fit un passe-droit. Calme & tranquille , je remerciai sans haine & sans colere. Telles sont les loix tacites que suivent les militaires. Dans ma jeunesse le monde m'a séduit ; je me suis livré à son tourbillon , mais tant d'objets divers l'un par l'autre effacés enflamment & dereglent l'imagination. Fatigué de ces vains plaisirs je fus désabusé ; je ne vis plus dans ce cercle du caprice & de la fantaisie que des fantômes qui n'avoient aucune réalité & j'éprouvai un vuide insuportable. Je cherchai la solitude ; & je connus la nécessité de vivre avec soi-même pour vivre heureux. Il me manquoit un ami; avois-je dû le trouver parmi les mensonges perpetuels de ces sociétés peuplées d'imposteurs, où l'on convient de se jouer les uns les autres, où toutes les offres de service & les protestations d'amitié servent souvent de voile aux haines les plus envenimées ? je t'ai vu, & j'ai reconnu sur ton front l'expression de l'ame qu'il falloit à la mienne ; les talens de l'efprit, les vertus du cœur répondent certainement aux traits du vifage, mon œil a fouvent obfervé ces rapports ; & j'ai lu que nous ferions amis. Nos âges font éloignés, mais ils fe raprocheront par la confiance, la franchife, la candeur, par tout ce qui lie les ames honnêtes. Ne redoute point en moi un obfervateur chagrin ou fevère, ma fageffe fera ce qu'elle doit-être, pour fe faire aimer avec fruit ; elle fera douce, facile, indulgente, furtout point de fecrets pour nos cœurs, ce plan fera des plus favorables à la vie heureufe que nous devons mener. Il n'eft rien de plus doux que de paroître ce que l'on eft ;

de là naît la paix de l'ame ,
cette paix qui répand une nuan-
ce agréable fur tout ce qui nous
environne. Puis faifant une pau-
fe... La vertu, ami , eft l'harmonie de nos penfées & de nos
actions , & il faut-être d'accord avec foi-même fi l'on veut
porter un œil fatisfait vers la
route celefte. Comment gouter
le repos lorfqu'une guerre in-
teftine exerce fes ravages au
fond de notre cœur ? foyons
bien avec nous même, alors ce
principe intérieur qui nous gui-
de ne trouvera plus d'obftacles :
lors que nous l'écoutons , il
nous enfeigne tacitement ce
qui eft bon, jufte, grand; honnête ; alors nous nous formons

un cœur généreux conforme à
l'ordre, à cette harmonie qui
doit regner entre les êtres fenſi-
bles; ce cœur ſouffre du malheur
d'autrui ; il s'identifie avec les
infortunés, il s'enflamme pour
le bien univerſel , & s'il en
avoit la puiſſance, ce feroit lui
qui repareroit les déſordres de
la nature..... Mondor ſe tut,
& reprit d'un ton moins ele-
vé & plus doux; j'ai aimé, non
en eſclave, mais en homme tendre & libre à la fois; la beauté qui
me captivoit ne s'enorgueilliſſoit
point des fers que je portois.
La mort a ſéparé les plus beaux
nœuds que l'amour ait jamais
formés. Depuis, j'ai fui avec
ſoin ce charme brulant qui

trouble & feduit la raifon. Viens à moi, charme pur de l'amitié, toi qui touches le cœur fans l'égarer, toi qui confoles de la perte des autres biens ; viens préfider à mes derniers jours ; qui peut égaler cet intérêt mutuel qui réunit deux cœurs..... je penfe comme vous, s'écria Charidéme, l'amour eft je crois bien dangereux, l'amitié eft plus douce, plus égale & plus faite pour le bonheur : ah mon pere !

Il faut ici fe figurer un jeune-homme plein de feu & de fentiment, s'enflammant avec toute la candeur & la vivacité de fon age pour fe faire un jufte portrait de Charidème. Plein d'enthoufiafme auprès de fon ami,

fon front rayonnoit, il écoutoit
fes leçons fublimes, il fatisfaifoit
fon goût pour la vertu. Cette
journée fe paffa dans ces entre-
tiens folides où ils acheverent
de déployer & de confondre
les tréfors de leurs ames. Elife
qui étoit la raifon même parée
des mains des graces, ne haiffoit
pas la gravité du jeune-homme
qui aimoit à penfer. Elle l'en efti-
ma d'avantage. Elle préfera ce
ton noble & même un peu
auftere, à ce fade & brillant jar-
gon, partage d'une folle jeuneffe
amoureufe de fon ignorance.

Mais après la philofophie,
l'amour avoit fon tour. Il étoit
loin de perdre fes droits. Le foir,
feul, environné de l'image d'E-

life , Charidème répétoit mille
fois fon nom ; fes reflexions
devenoient des fentimens ; il fe
rappelloit fes paroles , fes gef-
tes , fes moindres regards ; que
fes graces font touchantes difoit-il ; quel melange heureux
d'ingenuité & de fineſſe ! oui ,
je l'aime , il n'en faut plus douter. Quel charme eft repandu
dans l'air que je refpire ! ô fé-
duifante Elife qui te voit , qui
t'entend , fera idolatre de tes
charmes : mes penſées voltigent
autour de toi & ne peuvent déjà
t'abandonner ; quoi dans le même lieu où l'amitié a furpris
mon cœur , l'amour me frap-
peroit de tous fes traits ? ces
deux fentimens qui me font fi

chers semblent vivre l'un par l'autre, mais il en est un, qui va troubler le bonheur que me préparoit l'autre. Charidème s'endormit en rêvant à Elise & un songe riant vint enchanter son sommeil.

C'est Mondor qui le lendemain éveille son ami. Leve-toi promptement lui dit-il ; je t'annonce une belle partie de plaisir, nous avons aujourd'hui une bonne action à faire ; viens partager avec moi les soins que tout homme doit à l'homme infortuné. Un accident vient d'arriver à un pauvre paysan qui souvent a travaillé pour moi ; il languit dans les souffrances & sans secours au milieu d'une famil-

le qui n'a que des larmes à lui donner ne differons pas. Jamais Charidème ne s'étoit habillé plus préci-
pitament ; il fuivit fon généreux
conducteur. Ils entrerent dans la
cabane du malheureux, qui éten-
du fur un lit de douleurs gémiffoit, & vouloit derober fes
fouffrances à quatre enfans qui
pleuroient. La préfence de Mondor n'étonne point cette obfcu-
re famille , fes bienfaits ne cau-
fent aucune furprife : l'étonnement de l'infortuné que vifite
le riche eft plûtôt un reproche
qu'un hommage. Mondor ne fe
croit pas difpenfé de foulager
l'humanité fouffrante en répan-
dant quelque pieces d'argent ce
font fes foins qu'il prodigue,

ces

ces foins que rien n'achete ; il prépare de fes mains le remede convenable à fes maux : fes mains guerrieres le foulevent, le tournent , ménagent fa douleur & femblent prevoir fes moindres befoins. Sa voix confolante lui fait envifager un terme à fes fouffrances ; il eft éloquent parcequ'il eft pénétré, fes paroles font un baume qui tranquillifent l'ame & endorment fes douleurs. Charidème ému, attendri , bruloit d'imiter ce héros; il étudioit avec attention fon ingénieufe adreffe;jaloux,il lui difputoit la gloire de fes travaux. O mon pere s'écrioit-il par intervalle & toujours en agiffant , ô fi feulement la centieme partie des hommes vous reſſembloit..... le reſpect, l'attendriſſement, la reconnoiſſance étoient peints dans tous les regards de cette pauvre & honnête famille : deux enfans en bas age paroiſſoient même ſenſibles à ce grand évenement. Charidéme vouloit retenir ſes larmes & pleuroit. Quelques-fois, il étoit tenté de ſe proſterner aux genoux de Mondor & de lui rendre le public hommage que la ſenſibilité doit à l'héroiſme. Mondor autour de qui on ſe précipitoit ne ſembloit pas voir les tranſports qu'il excitoit ; je reviendrai demain mes amis, ſechés vos pleurs ; je vous promets l'entiere & parfaite guéri-

rifon de votre pere : il partit
& on le combla de bénédictions

Charidème gardoit le filence,
il recueilloit fon ame comme
pour la former fur ce beau mo-
dele. O mon pere s'écria-t'il
comme revenant d'une longue
extafe, je vous devrai ma vertu, quel exemple! ami, lui ré-
pondoit Mondor , n'étouffons
jamais cette voix douce & puif-
fante qui nous commande de
faire le bien ; tous les hommes
qui l'écoutent ont du gout pour
la vertu ; mais celui-là feul merite le titre de vertueux qui a
le courage d'executer tout le
bien qu'il conçoit. La vertu, ne
le déguifons pas , exige quelques
efforts. Elle confifte à dompter

ce malheureux intérêt qui nous rappelle fans ceffe à nous mê-mes. Elle confifte à vaincre cette inertie qui nous endort fur les maux d'autrui, à nous élan-cer par le fentiment vers le bien général. Quelque fatisfaction qu'il y ait à adoucir les maux des infortunés, à verfer la con-folation dans les ames affligées, peu d'hommes ont le courage de gouter ce plaifir, mais dès qu'il s'eft fait fentir, on le pré-fere à tout autre. Dis moi, ton cœur n'eft il pas content & fatis-fait — oui, mon pere, il n'eft point de volupté plus délicieufe que celle de faire le bien. Heu-reux le cœur qui connoit la douce emotion de la pitié, qui ne s'endurcit point aux malheurs de ses semblables. Que le Dieu qui m'entend me donne la force de secourir tous mes freres. Nous avons consolé un pere souffrant, nous avons donné du pain à une famille abreuvée dans les larmes, nous venons d'arracher à la misere & peut-être au desespoir les plus fideles serviteurs de la patrie... oui, mon ami, voilà ce que j'appelle servir le Roi & l'Etat. L'homme humain & généreux est le plus digne soldat qu'ils puissent avoir.

Le diné étoit prêt lorsqu'ils arriverent. Elise avoit disposé le couvert du jeune-homme d'une autre maniere que la veille, il

étoit à côté d'elle & non plus
en face ; tu as changé la place
de notre ami dit Mondor, oui
mon oncle répondit-elle, d'un
ton qu'elle voulut rendre ferme & qui étoit un peu troublé. Le jeune-homme intrigué
cherchoit & craignoit de rencontrer fes regards ; il fe trouvoit plus à fon aife à fes côtés , mais fa main timide &
circonfpecte fremiffoit de toucher la fienne ; il vouloit degui-
fer fon embarras, il en aug-
mentoit ; il parloit & fa voix
étoit peu affurée,mais quelle expreffion touchante elle avoit !
comme les accents d'un cœur
neuf percent & fe font enten-
dre ! il rougiffoit & confus de

rougir, il commencoit des mots
fans fuite. La jeune niece d'un
air d'autant plus libre, plus ai-
fé que celui de Charidème étoit
contraint, lifant fon triomphe
& déguifant fa joie, animoit &
foutenoit la converfation. Fière
de fon empire, elle en profi-
toit & jouiffoit fecrettement de
cette gêne timide de l'amour,
qui annonce un cœur innocent.
Elle tiroit avantage de cette af-
cendant que la nature a donné
aux femmes & qui leur infpire
cettte fierté décente & légitime
qui commande nos hommages.
Elle enhardiffoit le timide Charidème par tous ces petits riens
auxquels l'amour donne un prix
infini, elle cachoit la flamme

qui voloit dans son sein sous un air de gayeté ; & le jeune-homme que l'expérience n'avoit pas instruit, ne la croyoit que vive, enjouée, & étoit loin de soupçonner que tant de legereté put servir de voile à la tendresse.

Mondor qui pénétroit le cœur de sa niece mieux qu'elle ne penetroit le cœur de Chari-dème, l'interrompit assez brusquement. Ami, tu as été content de ta matinée, il faut achever notre journée ; allons visiter nos biens, c'est l'économie qui est la mere de l'abondance & des vrais plaisirs, sais-tu que nous avons beaucoup tardé ? le jeune homme s'éloigne s'éloigne à regret ; malgré fa vertu il foupire de l'abfence d'un demi jour. Ils prennent un chemin oppofé à la route qu'ils avoient tenue le matin ; ils arrivent à une vafte plaine où l'on faifoit la récolte. Chaque moiffonneur parloit au Comte avec l'honnête affurance d'un homme qu'on n'a point avili. On pouvoit aifément difcerner qu'ils aimoient leur Maître en même-tems qu'ils le refpectoient. Le Comte prend une faucille, en donne une autre à fon Compagnon ; travaillons, lui dit-il, avec ces hommes ; notre oifiveté feroit en leur préfence un crime. Les voilà qui abattent les épics dorés qui tombent en foule. O Sainte Providence, s'écrioit l'homme sublime ; la Terre est la table de tes bienfaits ; si tu permets que je recueille, c'est, sans doute, afin que je partage avec mes frères indigens ; ils travaillerent sans relache jusqu'au soir, & leur exemple fit plus que n'auroient pû faire leurs ordres. Charidème se trouva fort las. Ami, lui dit Mondor, tu n'es pas des plus adroits, mais tu as du courage, avec le tems tu feras un habile moissonneur. Que dis-tu de ta journée, en regrettes-tu l'usage, as-tu des remords d'un tems ainsi écoulé?—Non, Dieu-merci, mais me voilà rendu. — Eh ! bien, nous coucherons

dans cette chaumiere , aussi-
bien , il est trop tard pour
retourner au Château , & les
jambes sûrement te manqueroient. — Mais votre Nièce ,
Monsieur , sera fort inquiéte ;
ne craignez - vous point . . . . :
Bon , je ferai partir un de ces
hommes. — Ils sont , je crois ,
aussi fatigués que je le suis. —
Tu crois. Eh ! bien , toi qui es
bon , voudrois - tu par humanité
leur en épargner la peine & te
charger de la commission ? Elle
est pénible , mais tu en aura
plus de mérite. Le jeune homme sourit & embrassa son ami·
Oh ! retournons au bon gîte de
notre vieux Château. — Comment , te voilà tout-à coup ra-

jeuni. J'en fuis charmé ; car, après tout , j'aurois perdu le plaifir de fouper avec ma Niè- ce ; la pauvre enfant auroit été fort allarmée ; tu devines tout.— Il feroit cruel de lui caufer le moindre chagrin. — Ainfi qu'à toi , mon cher Charidème , viens, nous fouperons beaucoup plus joyeufement avec elle.

Le foleil fe couchoit; Cha- ridème précipitoit fes pas ; dou- cement, lui difoit le Comte ; tu arriveras trop tôt , tu ne jouiras point de fon inquiétude. Vois-tu le Difque enflammé du Soleil qui s'enfonce fous l'ho- rifon & tous ces nuages d'or qui accompagnent le coucher de cet Aftre fuperbe. Dans un

inſtant , toutes ces couleurs ra-
dieuſes vont diſparoître , & d'é-
paiſſes ténèbres regneront dans
ces mêmes plaines que tu vois
étincelantes ; ainſi s'évanouiſſent
les illuſions du plaiſir. ... Oui,
la Nature eſt fort belle , répondit Charidème avec une eſpèce
d'impatience , mais elle eſt toujours la même. Elle ne ſait que
recommencer tout ce qu'elle a
fait hier. Elle éleve , ſans doute ,
l'eſprit , mais elle laiſſe le cœur
vuide. L'univers eſt muet , que
dis - je il vient triſte lorſque notre cœur troublé ne répond pas à
ſa ſecrette harmonie , il n'ap-
partient qu'au cœur heureux de
contempler la Nature & de la
trouver raviſſante , & je con-

nois quelque chofe de plus admirable, de plus beau que le Soleil & que la voûte du Firmament; c'eft... le front d'une femme aimable & vertueufe. — Oui, tu as raifon, une femme qui réunit la beauté & les mœurs, eft le plus rare ornement de la terre. Elle plaît, elle intéreffe, elle attache dans fes moindres actions, elle pénétre nos cœurs d'une nouvelle vie, & fi elle nous fourit, c'eft alors que l'azur des Cieux eft plus vif, que le coloris de la Nature charme nos yeux, n'eft-ce point cela que tu voudrois dire? .... Oui. — Ne rougit point, mon ami. A ton âge, il ne faut défefpérer de rien; tu es jeune, fenfible, honnête. Si tu aimes, tu ne peux manquer d'être aimé. Le vrai secret pour captiver un cœur est d'être soi-même très - sincerement épris. Je ne ferai point un stoïcien ridicule, qui dans un âge tranquille ferai parade d'une vertu qui ne me coûteroit guères. Je te dirai, livre ton cœur à l'amour, si l'objet en est digne ; mais aussi ne te rends point l'esclave d'une femme. Sacrifie pour elle ta vie, s'il le faut, & non ta liberté. Si elle veut t'assujettir, au lieu de te toucher, défie-toi de ses charmes, ils sont trompeurs ; qu'elle ait tout l'ascendant de son sexe, mais qu'elle n'usurpe point un autre empire. Si elle veut te façonner à fon joug , elle ne t'aime point. J'avouerai qu'il regne dans le commerce de ce fexe enchanteur une douceur, un agrément , une délicateffe qu'on ne rencontre point ailleurs ; mais auffi que de filets tendus pour nous furprendre! ne t'amollis point dans leurs petites paffions , n'effemine point ton ame en époufant leurs petites idées fouvent minutieufes, à force d'être fines. Vois leurs caprices comme un effet de leur fenfibilité. Leurs défauts font voifins de plufieurs vertus , & ce n'eft pas à ton âge qu'on doit voir les premiers. Le fentiment eft par excellence leur partage. Elles connoiffent l'attachement,

la conftance , la foi ; & j'en ai
vues dont la fermeté monta jufqu'à l'héroïfme. Le véritable
amour eft l'honneur de la Nature
humaine ; c'eft une paffion gé-
néreufe qui modere toutes les
autres ; elle rend l'efprit plus
clair-voyant & plus doux ; elle
nous inftruit fur nos travers ;
elle réforme nos préjugés. A
fa fuite marchent l'humanité,
la tolérance ; il n'eft point de
meilleur Maître pour nous rendre équitables & modeftes. Malheur à qui n'aime point , à qui
n'a jamais fenti cette portion de
fentiment fe développer pour
fon bonheur & pour le fage ac-
compliffement des vues de la
Nature. Je doute que le mon-

de foit autre chofe pour lui qu'un vafte défert, un lieu d'é-xil & de triftelfe, où l'ennui flétrit fes jours & dévore fon exiftence. L'amour augmente la joye, l'amour diminue les cha-grins de la vie, & l'union des cœurs émouffe les traits de la mauvaife fortune & jufqu'à ceux de la douleur.

Charidème trouvoit ce pané-gyrique de l'amour encore bien foible au prix de l'idée qu'il s'en formoit. Il n'avoua pas qu'il aimoit. Le moment n'étoit point encore venu. Le Comte ne vit point dans cette retenue un manque de confiance, mais feulement l'honnête modeftie d'un cœur délicat qui trembloit d'abuſer des droits de l'amitié. Il reſpecta cette noble ſenſibilité, & ne parut point vouloir exiger l'aveu de ſes feux ſecrets.

La nuit étoit déjà aſſez avancée, lorſqu'il entrerent au Château. La jeune Nièce exprima ſes tendres allarmes du ton le plus touchant. Elle avoit tremblé pour ſon cher oncle, en voyant la nuit & ſongeant aux chemins détournés qu'il falloit tenir. Trembler pour mes jours, reprit Mondor d'un ton élevé, lorſque je ſuis avec mon ami ! Eh ! ne ſais-tu pas qu'enſemble nous ſommes invincibles. J'aurois volontiers paſſé la nuit chez notre bon Fermier ; mais Mon-

fieur a voulu abfolument reve-
nir ici , & cela uniquement pour
fouper avec toi. Il ne peut déjà
plus coucher que fous le même
toît. Charidème qui ne s'attendoit point à ce trait , voulut
s'excufer ; il enfila des mots
fans fuite avec une mal-adreffe
des plus palpable , & Mondor
rit beaucoup de fon grand embarras.

Les yeux d'Elife pétilloient
de joye : pour le bon Charidème fes mouvemens avoient
une vivacité inquiéte. Il alloit,
venoit fur les pas d'Elife fous
prétexte d'être officieux. Mondor l'exhortoit malicieufement à
demeurer affis , le raillant fur fa
laffitude. Il prit enfin la plaifan-

terie de bonne grace. A table ;
Mondor alluma cette veine de
gayeté par le récit de leurs travaux. Il parodia l'air emprunté
de Charidème ; & non content
de ce portrait reffemblant , il
engagea fon ami à confirmer de
vive voix toutes les erreurs de
fon impéritie. Le jeune homme
en riant fit un détail fort co-
mique , où il mit une chaleur ,
un intérêt un enjouement par-
ticulier. Emporté par le defir
de plaire , enflammé par le fourire charmant d'Elife , il ne ta-
riffoit point , déployant toute
fon imagination & de la meilleure foi du monde. Elife fentoit bien que c'étoit fa préfence qui donnoit tant de vivacité

à son Amant. La plus severe beauté jouit sans remords du spectacle des transports qu'elle inspire. Le Comte se recueilloit pour admirer les élans de cette ame vive & pure qui se livroit toute entiere au délicieux sentiment de sa joye. En sa faveur, il prolongea le tems où il se retiroit. Cependant les heures s'écouloient, Charidème n'y faisoit aucune attention. Le Comte le tira par la manche, ami, lui dit-il tout bas, tu fais le plaisir qu'on goûte à la fin d'une journée dignement employée, & ce pauvre paysan.... Eh ! mon pere, s'écria-t-il tout haut ; demain, laissez-moi faire ; mon zèle rendra mes soins plus actifs & plus sûrs. Je veux égaler votre adresse , & faire tout pour mériter un seul regard d'Elise. Il ne sentit point dans son transport la force de ces derniers mots.

Qui n'a point éprouvé qu'après des momens délicieux , l'ame demeure encore étonnée des senfations qu'elle vient d'éprouver; si le sentiment qui nous domine alors est moins passioné, il est plus doux, plus pénétrant. Elise attendrie , agitée, marchoit dans sa chambre d'un pas incertain. Elle étoit tombée dans un fauteuil , & se couvrant le visage des deux mains elle se disoit. Le moment fatal que j'ai tant redouté seroit-il arrivé... aimerois-je... quoi tout à coup mon cœur furpris... oferai-je me l'avouer... jamais jeune-homme n'a fait une fi vive impreffion fur mon cœur. Charidème ! il a un air de candeur qui annonce une belle ame. Tous fes tranfports font vrais. Sa joie eft naïve ; elle a éclaté... cependant il eft naturellement grave & même mélancolique... pourquoi eft-il tour à tour fi vif & fi férieux... mais puis-je me le diffimuler, il étoit animé par le défir de me toucher. J'ai furpris fes regards & tout modeftes qu'ils font, ils ont une expreffion fi touchante..... tout eft donc changé, cette vie paifible que je menois, va devenir

nir tumultueufe. On a tout à craindre de l'amour ; c'eft un fentiment vainqueur & redoutable. J'éprouve déjà une mélancolie qui m'étoit inconnue. Ah fous les éclats de la gayeté mon cœur n'étoit pas plus tranquille que le fien..... qui l'eut dit qu'en cette retraite paifible & folitaire, loin des amufemens du monde, un objet fatal viendroit m'attendrir & troubler le repos de ma vie..... oh, je vais croire à la deftinée.. Charidème ! il me parle fans m'adreffer la parole je remarque dans fes accens, ce qu'il y a de paffionné & de fecret... je l'ai écouté avec plaifir, ah je fuis en danger !... s'il pou-

H

voit partir... je fremis... je ferois
plus à plaindre encore; du moins
cachons avec le plus grand foin
la fatale paffion qui m'agite,
qu'elle n'echappe point de ce
cœur oppreffé, qu'il fe brife
plûtôt & que la mort le frappe
avant que mon fecret... mais,
o Dieu donne moi la force de
pouvoir le lui cacher.

Ainfi l'amour pénétroit de fes
feux cette ame fiere & tendre.
De fon côté Charidème qui craignoit de commettre l'ombre
d'une faute, avoit réflechi fur
fa conduite; il fentit qu'il s'é-
toit trop avancé la veille; un
amour extrême connoit l'extrême délicateffe; il redoutoit d'a-
voir offenfé par fon indifcretion

celle qu'il adoroit : il lui écha-
poit de ces monofyllabes qui
font le cri d'une paffion contrainte. Mondor le trouva trifte
le lendemain ; il en favoit bien
la caufe mais il refpecta fa
douleur.

Arrivé fous le toît ruftique
où giffoit le malade ; Charidème dit ; o mon pere ; laiffez
moi agir feul, vous me l'avez
promis ; jugez votre eleve digne de cet honneur. Brulant de
zèle , infpiré par l'amour de
l'humanité , Charidème eft habile , fa main eft plus fouple ,
plus adroite ; il n'a de vie &
d'ame que pour foulager cet
infortuné ; il jette de tems en
tems un coup d'œil fur le Com-

te & puife dans fes regards les connoiffances qui lui manquent; le Comte fe détournoit pour effuyer une larme qui venoit inonder fa paupiere. L'homme eft né bon difoit-il en lui-même la générofité repofe naturellement au fond de fon cœur il ne s'agit que des moyens de le mettre en exercice ; c'eft l'exemple qui développe ce fentiment fublime & la bonté eft une vérité fi aimable qu'elle fe communique fans effort. Notre apprentif héros après avoir panfé la bleffure du malheureux payfan, croyoit rejoindre promptement Elife , mais on vient leur annoncer qu'un autre infortuné à deux lieues de là at-

tendoit leurs fecours & que
ces fecours étoient preffés. Le
Comte récompenfa le courier
comme d'un avis important.
Allons mon cher Charidème ;
allons je te permets de gémir
fi tu le peux, mais accomplis tes
devoirs, que feroit la vertu , fi
elle ne coutoit aucun facrifi-
ce ? tu vois ma profeffion j'e-
xerce dans les environs l'art de
guerir les maux de mes fem-
blables ; dix années d'étude &
d'expérience m'ont fait décou-
vrir ce qui fe dérobe trop fouvent aux yeux intéreffés des
gens de l'art, ils voyent d'un
œil indifférent les remedes les
plus furs & les plus prompts je
n'ai plus l'honneur de fervir la

patrie, mais j'ai promis, non devant le tribunal des hommes,
mais devant le tribunal de mon
cœur, de me devouer tout entier aux foins de fecourir l'humanité fouffrante; tu es mon fils,
dès cet inftant le même ferment
t'engage, marchons. Mondor hâ-
te fa courfe, fon ami le fuit,
pour cette fois on ne revint
pas au bon lit du Chateau; la
diftance étoit trop éloignée.
Charidème étoit reveur, chagrin, inquiet. Qu'avez-vous lui
difoit le Comte avec douceur,
après des travaux auffi fatisfai-
fans peut-on connoître d'autre
fentiment que celui de la joie?
Charidème, écoutez, vous devez
m'ouvrir votre cœur ; eft-ce

avec moi qu'il faut avoir quelque referve... mon ami , ne
vois point en moi l'autorité
d'un pere , mais plûtôt l'ame
d'un frere tendre ; je fais... oui,
vous méritez ces deux noms fi
chers à mon cœur dit Charidème en fe précipitant à fes genoux, mais je veux, ou plûtôt
je dois vous quitter,.... votre
maifon eft pour moi un féjour
douloureux & brulant. Oui je
crains d'abufer de l'amitié, que
fais-je de devenir coupable,
de manquer à mon bienfaiteur,
l'avenir m'effraye, je redoute
mon propre cœur ; je le con-
nois il eft né fenfible mais extrême. Suis je fait pour tant de
graces, de beauté, de vertus?

moi , malheureux , rejetté de ma famille, errant..... & qui sans vous... ah , mon pere , mon ami , je ne vous en aimerai pas moins , mais permettez que je me dérobe à une passion qui toute pure qu'elle est, offense sans doute les loix , les délicates loix de l'hospitalité ; l'absence & le tumulte des camps..... tu l'estime donc bien redoutable , interrompit en riant Mondor , tu penses que ma niece est déjà un peu éprise de toi,Charidème resta muet. tant mieux si elle t'aime poursuivit le Comte,c'est justement ce que je desirois de tout mon cœur; en aimant ma niece ; tu aimes la vertu personifiée ; & tu ne peux être

coupable

coupable à mes yeux ; ton cœur eft droit puifque tu trembles fur toi même ; c'eft une fage & falutaire méfiance ; mais raffure toi tu es fous l'œil d'un ami vigilant& févere, & lorfque tu reconnois le danger, ce n'eft point pour y tomber. Elife eft l'honneur de fon fexe , rends toi digne d'elle. Si ton amour ne l'offenfe point , pourquoi voudrois tu qu'il m'offenfât. Je defire fincerement ton bonheur ainfi que celui de ma niece ; mérite & obtiens fon cœur ; ce feroit peu de la toucher, & même de l'attendrir, il faut que tu l'amenes à ce moment où l'aveu de fa bouche autorifera les vœux que tu dois lui pré-

I

fenter , avec quel tranfport alors, je prefferai dans mes bras celui que je regarde déjà comme mon fils.... il garda le filence un inftant & reprit. Ces nœuds fortunés repandront mille douceurs fur la fin de ma carriere. Elle doit s'embellir des rayons de ta félicité : ne démens point ta candeur, ta fenfibilité, ton ame & fois toujours vertueux afin d'être toujours heureux. Ma niece héritera peut-être de cette tendre fimpathie qui m'a parlé fi vivement pour toi ; & le Ciel te deftine à relever ma maifon. Charidème fauta à fon col ; ah ! mon pere ce nouveau bienfait ne peut ajouter à ma reconnoiffance ;

ſoit que l'amour me favoriſe ;
ſoit qu'il me rejette ; je ne vous
quitte plus. Je vous conſacre
tous les inſtants de ma vie ; heureux d'habiter ſous votre toît, le
ſanctuaire de toutes les vertus.

Quelle plume pourroit rendre tous les divers mouvemens
d'un cœur auſſi ſincere ? ils
étoient rapides, emportés & bru-
lants. Tout en lui reſpire l'amour,
l'honêtcté, & ſes yeux ont cet
éclat doux & perçant qui fond
la glace des cœurs les plus re-
belles. Comment peindre les
graces enflamées d'Eliſe , le
doux tumulte qui ſe gliſſe dans
ſes veines & toutes les ſcenes
agréables que l'amour ſut ame-
ner & varier. Tantot une tendre

rêverie l'occupe , tantôt une joye vive & foudaine s'eleve dans fon ame , femblable à un éclair qui perce tout à coup le fein d'un nuage ténébreux. Jamais amant ne fut plus aimable , jamais amante n'eut tant à combattre. Elife favoit très bien que l'amour eft un enfant qui vit de peu de chofe , mais enfin qu'il ne faut pas abfolument fevrer. Sa prunelle legere , éloquente , auffi mobile que fa penfée erroit quelque fois fur le jeune Charidème & puis fe détournant avec rapidité ne lui laiffoit que l'avant gout d'une volupté divine. Il eft un artifice permis , ou plûtôt qui n'en merite pas le nom. On peut en

vifager les caprices d'une amanu
te, comme les combats d'un cœur
que la fierté & que la tendreffe
fe difputent tour à tour. On ne
peut nommer fauffeté les re-
tours d'une pudeur qui fait le
charme d'un amant, même en
le défefperant quelquefois. Souvent une amante ignore elle-
même, les mouvemens de fon
cœur ! & je crois que les momens les plus feveres tournent
enfin au profit de l'amour.

Six mois s'écoulerent, où Elife parut fous vingt formes diver-
fes & toutes plus charmantes,
les unes que les autres. Ces mé-
tamorphofes étoient celles d'une
amante prête à fe voir défar-
mée par les foupirs d'un amant

& ceux de son propre cœur. Un ruisseau limpide qui, se promene mollement, mais avec lenteur dans les sinuosités d'un doux labyrinthe, parvient malgré tous ses détours au bassin fleuri qui l'attend & le reçoit avec transport. Ainsi l'amour use de mille artifices ; il avance, il revient sur ses pas, il se plait à errer jusqu'au moment heureux où il se précipite. Que le masque qui le déguisoit, pese alors à sa riante enfance ! un soir la fiere & tendre Elise ne put repousser le charme invincible qui s'empara de son cœur. Son amant étoit à ses côtés, pressant ses mains dans les siennes dans un énergique silence. Epuisé de

tendreſſe, il alloit ſuccomber
ſous la violence de ſon amour.
Tout à coup, il tombe à ſes genoux, avec ce regard qui peint
& perſuade, avec cet accent
inimitable qui accuſe l'injuſti-
ce d'une inſenſible amante. Eliſe fut émue ; l'amour qu'elle
avoit trop combattu l'emporte ;
ſa bouche fit cet aveu ſi long-
tems differé ; aveu charmant qui
ſemble ravi, plûtôt qu'accordé,
aveu touchant qui augmente &
confirme le bonheur ; que dis-je ?
c'eſt-elle qui releve ſon amant
& qui lui prodigue toutes les
careſſes innocentes, que l'a-
mour employoit dans l'age d'or
pour ennyvrer ſes favoris des
plus pures délices. Charidème

connut cette félicité qui remplit toute la profondeur d'une ame fenfible. L'efpérance d'un bonheur prochain doroit l'avenir de fes rayons fortunés. Il courut aux genoux de Mondor, ah! mon pere, l'amour triomphe, l'amour m'a foumis le cœur de la fiere, de la vertueufe, de l'adorable Elife—Je ne me fuis donc pas trompé mon cher Charidème, quand mon cœur que j'ai toujours écouté, à fu m'avertir en ta faveur, lorfque tu traverfois à pas lents l'allée fombre de ce petit bois, où la main de la providence t'avoit conduit. Mille fois foit béni le jour qui a pu t'offrir à mes yeux. J'ai lu fur ton front ouvert l'em-

preinte

preinte des plus rares vertus.
Songe mon ami que c'eft toi
qui dois me fermer la paupiere...
à ces mots Charidème pleura.
Qu'elles triftes images dans ce
jour de joie ! — Mon fils à mon
âge le plaifir fe confond fans
effroi & fe familiarife avec l'i-
dée du trepas. Je n'ai plus qu'à
me louer de la vie ; je n'ai plus
qu'à fourire aux approches de
la mort. Mes yeux avant de
s'éteindre, auront vu les deux
cœurs que j'aime, unis des mê-
mes nœuds, doubler leur félicité
après l'avoir méritée. O Dieu !
après ce trait de ta bonté dif-
pofe de mes jours comme il
plaira à ta juftice ; je t'invoque-
rai toujours comme l'être fu-

K

prême & bon qui veille au bonheur de sa moindre créature. Mon
fils !tu as à remplir de nouveaux
devoirs ; époux ; bientôt pere....
n'es-tu pas effrayé — non, le
véritable amour enseigne toutes
les vertus ; je les apprendrai de
la bouche d'Elise & de plus j'ai
la voix de l'amitié — Ami, c'est
de ce moment que tu entendras
son cri infléxible & austere. Je
sens que je t'aime trop pour ne
pas t'ouvrir le sentier difficile,
épineux qui conduit à l'héroïs-
me ; que l'amour te console ;
c'est désormais à l'amitié à sa-
voir t'affliger utilement. Me par-
donneras-tu, quand l'amour de
ton bonheur me rendra quelquefois cruel ? Pour toute répon-

fe , Charidème le ferra dans fes bras & des larmes également honorables inonderent leur vifage.

Nos amans ne crurent exifter que du moment où ils éprouverent cette confiance mutuelle, fource des vrais plaifirs. Ah! pour les cœurs délicats que de voluptés précédent celle qui les couronne toutes ! le devoir s'oppofoit encore à ce moment fortuné. Charidème écrivit à fon pere , lui expofa fon bonheur & le pria de vouloir bien confirmer fon choix. Il obtint fans peine fon confentement. L'alliance du Comte étoit auffi honorable qu'elle étoit avantageufe. Il eft vrai qu'il fut affez éton-

né, que son fils eut rencontré un
aussi riche parti ; sa maratre auroit beaucoup mieux aimé le sa-
voir au siege d'une ville, grimpant
à la brêche à travers une grêle
de balles homicides ; mais, il
est une main invisible qui dirige
tous les événemens , & se plait
à confondre les cœurs pervers.
Les deux amants furent unis par
des nœuds éternels. Ils vivent
aujourd'hui sous les yeux d'un
oncle qui rend leur bonheur
plus touchant , & qui jouit lui
même de celui qu'il leur a pro-
curé. J'ai été témoin de leur
félicité & de leurs vertus , mal-
heureusement trop étrangeres à
mon siecle pour que j'ose ici
les décrire.

FIN.